...ion des Syndicats Patronaux

des

INDUSTRIES TEXTILES DE FRANCE

TEXTE

DU

PROJET DE LOI

SUR

LE CONTRAT DE TRAVAIL

NOTE ET DÉLIBÉRATION

DE L'UNION

PARIS

15, RUE DU LOUVRE, 15

(1er Arrondt.)

Union des Syndicats Patronaux

des

INDUSTRIES TEXTILES DE FRANCE

TEXTE

DU

PROJET DE LOI

SUR

LE CONTRAT DE TRAVAIL

NOTE ET DÉLIBÉRATION

DE L'UNION

PARIS

15, RUE DU LOUVRE, 15

(1er Arrondt.)

TEXTE

DU

PROJET DE LOI

SUR

LE CONTRAT DE TRAVAIL

Délibération de l'Union

TEXTE

TITRE PREMIER

Formation du contrat de travail

Article premier

Le contrat de travail est le contrat par lequel une personne s'engage à travailler pour une autre qui s'oblige à lui payer un salaire calculé, soit à raison de la durée de travail, soit à proportion de la qualité ou de la quantité de l'ouvrage accompli, soit d'après toute autre base arrêtée entre l'employeur et l'employé.

Ne sont pas soumis aux dispositions du présent titre les contrats passés par les personnes qui offrent leur travail non à un ou plusieurs employeurs déterminés, mais au public.

Art. 2

Le fait que l'employé fournit la matière en même temps que le travail n'empêche pas la convention d'être un contrat de travail, pourvu que la matière puisse être considérée comme l'accessoire du travail.

Art. 3

Le contrat de travail est dit « contrat individuel » lorsqu'il se forme entre un employeur unique et un employé unique.

Art. 4

Le contrat de travail est dit « contrat d'équipe » lorsqu'il se forme entre un employeur et une collectivité d'employés ou les représentants de celle-ci.

Art. 5

Lorsque les employés, engagés dans les conditions définies à l'article premier doivent en vue de l'exécution des travanx convenus, organiser ou conduire des groupes ou brigades, ils sont de plein droit présumés agir à titre de mandataires du chef de l'entreprise, dans leurs rapports avec les employés faisant partie de ces groupes ou brigades.
Nulle preuve n'est admise contre cette présomption.

Art. 6

Le contrat de travail est soumis, quant à sa formation, aux règles du droit commun, sous réserve des dispositions ci-après.

Art. 7

On ne peut engager son travail qu'à temps ou pour une entreprise déterminée.

Art 8

En matière de contrat de travail, la preuve testimoniale est toujours admise, à défaut d'écrit, quelle que soit la valeur du litige.

Art. 9

Soit que le contrat de travail ait été constaté par écrit, soit qu'il ait été conclu verbalement, ou qu'il résulte seulement du fait, par l'employé, d'avoir, avec le consentement de l'employeur ou de son délégué, participé aux travaux du chantier ou de l'atelier, les parties sont censées, pour toutes les conditions non prévues expressément au contrat, s'être référées à défaut de règlement d'atelier ou de convention collective, aux usages des lieux et de la profession.

Art. 10

Les conditions que l'employeur aura insérées dans un règlement d'atelier ou de travail ne sont réputées acceptées par l'employé qui conclut le travail que si elles ont été régulièrement publiées dans la forme prévue aux art. 26 et 27 du titre III ci-après et si l'employeur établit qu'elles ont été portées à la connaissance personnelle de l'employé.

Les modifications apportées aux conditions du contrat de travail par voie de règlement d'atelier ou de travail ne sont réputées acceptées par l'employé que sous les conditions indiquées au paragraphe précédent.

Art. 11

Doit être considérée comme illicite toute clause du contrat de travail par laquelle l'une des parties a abusé du besoin, de la légèreté ou de l inexpérience de l'autre pour lui imposer des conditions en désaccord flagrant, soit avec les conditions habituelles de la profession ou de la région, soit avec la valeur ou l'importance des services engagés.

TITRE II

Des conventions collectives relatives aux conditions du travail

Art. 12

Préalablement à la formation du contrat individuel de travail, des conventions collectives de travail peuvent être conclues entre un ou plusieurs employeurs et un syndicat ou groupement d'employés ou entre les représentants des uns et des autres, spécialement mandatés à cet effet, soit dans la forme prévue par les statuts des syndicats, soit par tout autre procédé.

Ces conventions collectives déterminent certaines conditions auxquelles doivent satisfaire les contrats individuels qui seront conclus entre les personnes qui peuvent exiger l'application des clauses inscrites dans ces conventions.

Les employeurs peuvent s'engager à appliquer la convention pendant sa durée de validité, soit à des catégories déterminées de leur personnel, soit seulement aux employés ayant pris part à la négociation directement ou par mandataire.

Les employés peuvent s'engager à respecter la convention, soit chez les seuls employeurs signataires ou dans tout contrat passé pendant la durée de la convention avec un employeur quelconque dans une région déterminée.

Art. 13

La convention collective relative aux conditions du travail doit être écrite; elle sera déposée, à peine de nullité, au secrétariat du Conseil des prud'hommes, ou, à défaut de Conseil de prud'hommes, au greffe de la justice de paix du lieu où elle a été passée.

Communication devra en être donnée gratuitement à tout requérant.

Des copies certifiées pourront en être délivrées aux intéressés sur leur requête et à leurs frais.

Le dépôt aura lieu aux soins de la partie la plus diligente, à frais communs.

Un décret fixera les émoluments des greffiers, le mode de communication des contrats et le mode de recouvrement des frais et honoraires.

Art. 14

La convention collective ne pourra être conclue pour une durée supérieure à cinq ans.

A défaut de stipulation déterminant la durée de validité de la convention collective, cette convention sera considérée comme liant les parties pour une période d'un an.

La convention collective qui n'a pas été dénoncée dans les délais prévus par les parties, ou, à défaut de ces délais, avant son expiration, sera prorogée pour une nouvelle période égale à la précédente.

Art. 15

Sont, à défaut de stipulation contraire expressément énoncée dans les statuts des syndicats ou dans la convention collective elle-même, considérés comme soumis aux obligations résultant de cette convention collective les employés et les employeurs qui sont, au moment où la convention est passée, membres du syndicat ou de la collectivité partie à la convention, ou qui postérieurement adhèrent au syndicat ou à la convention.

Art. 16

Lorsqu'un contrat de travail intervient entre un employeur et un employé qui doivent, aux termes de l'article précédent, être considérés comme soumis l'un et l'autre aux obligations résultant de la convention collective, les règles déterminées en cette convention s'imposent, nonobstant toute stipulation contraire, aux rapports nés du contrat de travail.

Art. 17

Lorsqu'une seule des parties au contrat de travail doit être considérée comme liée par les clauses de la convention collective, ces clauses ne s'appliqueront aux rapports nés du contrat de travail qu'à défaut de stipulations contraires.

Mais, en ce cas, la partie liée par une convention collective, qui l'oblige même à l'égard de personnes qui n'ont pas été parties à cette convention (art. 12, §§ 3 et 4), et qui aurait accepté, à l'égard de ces personnes, des conditions contraires aux règles déterminées de cette convention peut être civilement actionnée à raison de l'inexécution des obligations par elle assumées.

Art. 18

Lorsqu'il n'existe qu'une seule convention collective relative aux conditions du travail pour la profession ou la région et que cette convention collective a été déposée au secrétariat du Conseil des prud'hommes ou au greffe de la justice de paix, conformément à l'article 13, les employeurs et les employés seront, jusqu'à preuve contraire, et pendant la durée de la convention collective, présumés avoir accepté, pour le règlement des rapports nés des contrats de travail intervenus entre eux, les règles posées dans la convention collective.

Art. 19

Les obligations assumées par les syndicats qui interviennent dans une convention collective relative aux conditions du travail sont déterminées par la convention collective.

Art. 20

Les syndicats qui sont intervenus commé partie à la convention collective relative aux conditions du travail peuvent exercer toutes les actions qui naissent de cette convention collective en leur faveur ou en faveur de leurs membres, avec leur consentement.

Ils peuvent spécialement agir pour obtenir l'exécution de la convention ou des dommages-intérêts au cas d'inexécution, soit contre les parties, individus ou syndicats, avec lesquels ils ont passé la convention collective, soit contre ceux de leurs membres qui n'auraient pas respecté les règles posées par la convention collective.

Lorsque la convention collective est intervenue entre un syndicat ou une collectivité d'employés et plusieurs employeurs, chacun de ces employeurs et chacun des membres de ce syndicat et de la collectivité ouvrière pourra également agir pour obtenir à son profit, l'exécution ou des dommages-intérêts contre ceux qui, ayant contracté avec lui, ne respecteraient pas les obligations résultant pour eux de la convention collective.

Art. 21

Les dispositions du présent titre peuvent être invoquées par tous ceux que peut lier un contrat de travail.

TITRE III

Des règlements d'atelier

Art. 22

Dans les entreprises industrielles et commerciales, même dans celles de l'État, des départements et des communes, où il existe des règlements d'atelier, ces règlements sont régis par les dispositions du présent titre.

Art. 23

Le règlement d'atelier doit indiquer dans la mesure que comporte la nature de l'entreprise :

1° La manière dont le salaire est déterminé et notamment si l'employé est rétribué à l'heure, à la journée, à la tâche ou à l'entreprise;

2° Lorsque l'employé est rétribué à la tâche ou à l'entreprise, le mode de mesurage et de contrôle;

3° Les époques de paiement des salaires ;

4° Si les employés ne séjournent dans les locaux de l'entreprise que pour y prendre des matières premières, ou y remettre le produit de leur travail, l'indication des jours et heures où les locaux leur sont accessibles.

Art. 24

Là où l'entreprise le comporte, le règlement d'atelier doit encore indiquer :

1° Les droits et les devoirs du personnel de surveillance, le recours ouvert aux ouvriers en cas de plaintes ou difficultés relatives audit personnel ;

2° Les fournitures qui sont faites à l'employé à charge d'imputation sur le salaire;

3° La durée du délai-congé ;

4° S'il existe des pénalités ou amendes, la nature des pénalités, le taux des amendes et l'emploi qui en est fait.

Art. 25

Le règlement d'atelier pourra comporter en outre toutes prescriptions visant l'hygiène, la sécurité, la moralité et les convenances.

Art. 26

Avant d'entrer en vigueur, tout règlement nouveau ou toute modification à un règlement ancien doit être porté à la connaissance des employés par voie d'affiche.

Pendant huit jours au moins à partir de l'affichage, le chef d'entreprise tient à la disposition de ces employés un registre ou cahier où ceux-ci peuvent, soit individuellement, soit par leurs délégués, consigner les observations qu'ils auraient à présenter.

Les dispositions ci-dessus ne font point obstacle aux lois qui prévoient, pour certains cas spéciaux, des délais plus étendus.

Pendant le même délai de huit jours au moins, les employés peuvent adresser individuellement et par écrit leurs observations au président du Conseil de prud'hommes, ou, à défaut, au juge de paix. Le président du Conseil de prud'hommes ou le juge de paix transmet ces observations au chef d'entreprise dans les trois jours de la réception, sans indiquer les noms des signataires.

Après une deuxième période de huit jours, le règlement nouveau ou le règlement modifié fait l'objet d'un deuxième affichage avec la mention « observations vues ». Il entre ensuite en vigueur à l'expiration d'un délai au moins égal au délai-congé en usage dans la profession et qui ne peut être inférieur à huit jours francs. Le chef d'entreprise a la faculté de prolonger ce délai ; lorsqu'il est fait usage de cette faculté, le projet affiché doit mentionner la date de l'entrée en vigueur.

Toutefois, si le nouveau règlement ou le règlement modifié comporte, par application de l'article 25 ci-dessus, des dispositions spéciales concernant l'hygiène, la sécurité, la moralité et les convenances, ces dispositions entrent en vigueur dès le jour de l'affichage et ne sont pas soumises aux formalités prévues par les articles 26 et 27.

Art. 27

Tout règlement nouveau ou tout règlement modifié doit, à peine de nullité, porter l'attestation, dûment signée par le chef d'entreprise, de la consultation régulière des employés dans la forme prévue à l'article précédent.

Art. 28

L'ancien règlement ou les usages antérieurs subsistent jusqu'à la mise en vigueur, dans les conditions prévues aux articles 26 et 27 ci-dessus, du nouveau règlement ou du règlement modifié.

Art. 29

Les règlements faits conformément aux présentes dispositions lient les parties pour toute la durée de l'engagement, tant dans les dispositions obligatoires prévues ci-dessus que dans les dispositions facultatives qui y seraient jointes en vue d'établir les conditions du contrat de travail.

Art. 30

Le règlement est du reste affiché dans les locaux de l'entreprise, à un endroit apparent.

Tout employé a le droit d'en prendre copie.

Art. 31

Dispositions transitoires. — Les chefs d'entreprise auront un délai de six mois, à dater de la promulgation de la présente loi, pour modifier leurs règlements d'atelier, conformément aux dispositions qui précèdent.

Les règlements actuellement en vigueur resteront en vigueur pour toutes les prescriptions qui ne sont pas contraires aux dispositions du présent titre.

TITRE IV

Effets du contrat de travail

Art. 32

Le contrat de travail produit les effets déterminés par les conventions des parties, dans la mesure où ces conventions ne sont contraires ni à l'ordre public et aux bonnes mœurs, ni aux lois, spécialement aux lois qui réglementent les conditions du travail et sa rémunération.

Section 1. — *Obligations de l'employeur*

§ 1. — Rémunération du travail

Art. 33

Lorsque la rémunération du travail dépend de mesures, pesées, opérations, vérifications quelconques ayant pour but de déterminer la quantité et la qualité de l'ouvrage, les employés ont toujours le droit, malgré toute convention contraire, de contrôler ces opérations personnellement ou par délégués.

Les données prévues par les contrats qui pourraient être nécessaires au calcul des salaires fixés par contrat individuel ou convention collective, sont soumises aux même règles.

Art. 34

Lorsque l'employé payé à la pièce, à la tâche entreprise est maintenu à la disposition de l'employeur sur le lieu du travail, à son domicile ou ailleurs, et mis dans l'impossibilité de travailler par le fait de l'employeur, il a droit à une indemnité correspondant au préjudice qui lui a été causé. Toute convention contraire est nulle.

Art. 35

Lorsque l'employé a droit à une part des bénéfices déterminée par le contrat, l'employeur est tenu, malgré toute convention contraire, de fournir à l'employé ou à un tiers agréé par les parties les données nécessaires pour contrôler le calcul de cette part.

Art. 36

Les retenues faites à titre de cautionnement ou de garantie sur la rémunération de l'employé ne peuvent, malgré toute convention contraire, excéder un dixième (1/10) de chaque paye. Elles doivent être déposées, sous la responsabilité de l'employeur, entre les mains d'un tiers désigné par les parties ou, en cas de désaccord, par le juge de paix. Toutefois, il peut être stipulé que l'employeur les conservera tant que leur total n'aura pas atteint la rémunération d'un mois de travail.

Art. 37

Les créances des employés pour la rémunération de leur travail sont privilégiées pour une durée de six mois, au rang déterminé par l'article 2101, § 4, du Code civil. Ce privilège s'étend à l'année échue et à l'année courante s'il s'agit de gens de service.

Est abrogé, en ce qu'il a de contraire au présent article, l'article 549 du Code de commerce.

Art. 38

Le paiement fait par l'employeur, à l'employé mineur, de la rémunération qui lui est due est valable si le père ou le tuteur de l'employé n'y a pas mis préalablement opposition.

En cas d'opposition par lettre recommandée ou par voie extrajudiciaire, le juge de paix peut soit d'office, soit sur simple réquisition d'un parent ou d'un ami, et après avoir entendu ou appelé le père ou tuteur, autoriser le mineur à recevoir tout ou partie de la rémunération de son travail.

Art. 39

Dans tous les cas où l'employé n'est pas occupé à titre purement passager, il appartient aux tribunaux d'apprécier si, et dans quelle mesure, le salaire est dû, en cas d'interruption momentanée résultant d'un cas de force majeure. Pour cette appréciation, il est tenu compte du délai prévu pour donner congé, ainsi que de la durée des services déjà rendus.

§ 2. — Conditions du travail

Art. 40

A moins de convention ou d'usage contraire, l'employeur doit mettre à la disposition de l'employé les collaborateurs, instruments et matières nécessaires à l'accomplissement de son travail. Si l'employeur les fournit moyennant paiement, il ne peut, malgré toute convention contraire, le faire à un prix supérieur à celui du marché.

L'employeur n'a, en aucun cas, le droit de retenir les objets ou instruments servant au travail qui appartiennent à l'employé. Il en est responsable sous les conditions du droit commun. Toute convention contraire est nulle.

Art. 41

L'employeur est tenu de veiller à ce que les conditions d'exécution du travail ne portent atteinte ni à la santé, ni à la sécurité, ni à la moralité de l'employé. Il doit lui laisser le temps nécessaire pour l'accomplissement de ses devoirs civiques et de famille.

Lorsque l'employeur loge et nourrit l'employé, il doit le faire dans des conditions qui ne portent atteinte ni à sa moralité, ni à sa santé. Il doit en outre et malgré toute convention contraire lui assurer à ses frais les premiers soins médicaux en cas de blessure ou de maladie survenue à son service, sans préjudice des obligations qui peuvent lui incomber en vertu des règles spéciales sur la responsabilité.

Ces obligations sont interprétées plus ou moins rigoureusement suivant les circonstances et notamment en considération de l'âge de l'employé et de la durée de ses services.

Section II. — *Obligations de l'employé*

Art. 42

Pendant l'exécution du contrat, l'employé est tenu :

1° D'accomplir sa tâche avec soin en se conformant aux ordres et instructions de l'employeur et de ses représentants ; 2° de respecter les convenances et les bonnes mœurs ; 3° d'éviter tout ce qui pourrait compromettre sa sécurité, celle de ses collaborateurs et celle des tiers.

Il doit restituer en bon état à l'employeur les matières premières non utilisées ainsi que les instruments ou objets quelconques qui lui ont été confiés. Toutefois, il n'est tenu compte ni des détériorations et de l'usure dues à l'usage normal de ces objets, ni du cas fortuit et de la force majeure.

Art. 43

L'employé ne peut se faire remplacer dans l'exécution de son travail que s'il y est autorisé par le contrat ou par l'usage. Dans ce cas, le remplaçant doit être expressément ou tacitement agréé par l'employeur. A moins de convention contraire, le remplaçant est entièrement substitué au remplacé dans le contrat ; il a une action directe contre l'employeur et l'employeur contre lui. Le remplacé est dégagé de toute responsabilité quant au choix ou aux fautes du remplaçant.

TITRE V

Cessation et rupture du contrat de travail

Art. 44

Les obligations résultant du contrat de travail prennent fin, soit dans les conditions prévues par les parties, telles que l'expiration de la durée convenue, l'achèvement de l'ouvrage, soit par la force majeure, soit par la volonté des contractants dans les conditions ci-après.

Art. 45

Le contrat de travail à durée indéterminée peut toujours cesser par la volonté de l'une des parties contractantes.

Art. 46

Toutefois, sauf dans les cas prévus ci-après, la partie qui prend l'initiative de la résolution doit prévenir l'autre partie, soit une semaine au moins à l'avance, s'il s'agit d'un ouvrier ou d'un serviteur, soit un mois au moins, s'il s'agit d'un employé proprement dit ou d'un ouvrier assimilé à un employé.

Art. 47

Les délais prévus à l'article précédent pourront être, à la requête des intéressés, réduits ou augmentés, pour une profession ou une spécialité déterminées, dans une localité ou une région déterminées, s'il est établi par une enquête que les délais ainsi réduits ou augmentés sont conformes aux usages locaux, ou répondent aux vues des patrons et des ouvriers.

La requête des intéressés sera adressée au juge de paix. L'enquête sera faite par un comité constitué et fonctionnant conformément à la procédure établie par les articles 2, 3, 4, 5 et 6 de la loi du 27 décembre 1892.

Art. 48

Pendant la période de délai-congé, l'ouvrier disposera de deux heures au moins par jour pour chercher du travail.

Art. 49

Le renouvellement continu du contrat de travail à durée déterminée soumet les parties à l'obligation du délai-congé dans les limites des dispositions de la présente loi.

Art. 50

L'obligation du délai-congé n'est pas applicable au cas où le louage de services serait résilié avant l'expiration d'une période égale à une quinzaine, s'il s'agit d'un ouvrier ou d'un serviteur, à un mois s'il s'agit d'un employé proprement dit. Elle ne s'applique pas, en outre, lorsque la résiliation résulte d'un cas de force majeure ou d'une faute grave.

Art. 51

Les modifications apportées au contrat individuel de travail pendant son exécution par un règlement d'atelier qui n'aurait pas été accepté expressément par les employés, ou appliqué sans protestation de leur part pendant une durée égale à celle du délai-congé, sont pour les employés une cause légitime de rupture.

Art. 52

La partie qui n'a pas observé le délai visé par les dispositions précédentes est tenue envers l'autre partie à des dommages-intérêts égaux au délai qui devait être observé.

Art. 53

Ces dommages ne se confondent pas avec ceux auxquels peut donner lieu, en outre, la résolution abusive du contrat par la volonté d'une des parties contractantes; le tribunal, pour apprécier s'il y a abus, pourra faire une enquête sur les circonstances de la rupture. Il devra, en tout cas, demander à la partie qui a rompu le contrat les motifs de la rupture.

Art. 54

Pour la fixation de l'indemnité allouée, dans ce dernier cas, il est tenu compte des usages, de la nature des services engagés, du temps écoulé, des retenues opérées et des versements effectués en vue d'une pension de retraite, et, en général, de toutes les circonstances qui peuvent justifier l'existance et déterminer l'étendue du préjudice causé.

Les parties ne peuvent renoncer à l'avance au droit éventuel de demander des dommages-intérêts, en vertu des dispositions du présent article.

Art. 55

Les contestations auxquelles pourra donner lieu l'application des paragraphes précédents, lorsqu'elles seront portées devant les tribunaux civils et devant les cours d'appel, seront instruites comme affaires sommaires et jugées d'urgence.

Art. 56

La grève est, sauf manifestation contraire de la volonté de l'une ou de l'autre partie, une suspension du contrat de travail.

Le refus par l'une des parties de recourir à la procédure de conciliation ou à l'arbitrage dans les formes instituées par les lois spéciales, sera considéré comme une rupture du contrat, du fait de cette partie.

Dans les services publics et dans les établissements industriels de l'État dont le fonctionnement ne saurait être interrompu sans compromettre les intérêts de la défense nationale, la grève, ou cessation concertée du travail, est *ipso facto* une rupture du contrat de travail.

PROJET DE LOI DÉPOSÉ PAR LE GOUVERNEMENT SUR LE CONTRAT DE TRAVAIL

Note sur le projet de loi relatif au contrat de travail

Les auteurs du projet distinguent le contrat individuel, le contrat d'équipe et enfin la convention collective.

Le contrat individuel, dit l'article 3, est « *celui qui se forme entre un employeur unique et un employé unique* ».

Le contrat d'équipe, aux termes de l'article 4, s'entend des engagements conclus entre un employeur et une collectivité d'employés ou les représentants de ceux-ci.

Quelle est la portée de l'article 4 ? Elle est beaucoup plus restreinte que ne semble l'indiquer le texte.

Le nom de contrat d'équipe, expression absolument nouvelle, s'applique, d'après l'exposé des motifs, à cette modalité de l'organisation du travail que l'on appelle la commandite : c'est le cas d'un groupe d'ouvriers traitant avec un employeur pour l'exécution d'un travail déterminé et se partageant, suivant des conditions réglées à l'avance, la rémunération globale affectée au travail.

Tel est le sens précis du contrat d'équipe.

Le contrat individuel

Le contrat individuel reste donc, dans le nouveau texte, la base du contrat de travail et l'article 3 ne saurait être interprété en ce sens qu'un contrat de travail ne sera individuel que lorsqu'on se trouvera en présence d'un seul ouvrier vis à-vis de son patron.

Qu'il y ait un, dix, vingt, cent, mille ouvriers dans un établissement, peu importe ! Il y aura autant de contrats individuels que d'ouvriers. L'article 3 définit purement et simplement la formation et les effets du contrat individuel mais n'en subordonne pas l'exercice au fait qu'un établissement renferme un plus ou moins grand nombre d'ouvriers.

Les innovations introduites dans la législation actuelle, en matière de contrat individuel, sont les suivantes :

I⁰

**En matière de contrat de travail, la preuve testi-
moniale est admise, à défaut d'écrit, quelle que soit la
valeur du litige.**

II°

Les conditions du contrat peuvent être tacites ou expresses. Dans le
premier cas les parties sont soumises aux usages des lieux.

**Dans le second cas, l'ouvrier est réputé n'avoir
accepté les conditions du contrat que lorsque les formalités suivantes prévues par les articles 26 et 27 du
titre III ont été remplies :**

a) Tout règlement nouveau doit être affiché.

b) Pendant un délai de huit jours le chef d'établissement tient à la
disposition des ouvriers un registre où ceux-ci peuvent consigner leurs
observations.

c) Les ouvriers ont également le droit, pendant ce même délai de
huit jours, d'adresser, par écrit, leurs observations au Président du
conseil des prud'hommes et, à défaut de conseil des prud'hommes, au
juge de paix. Celui-ci, dans les trois jours de la réception de ces observations, les devra communiquer au chef d'établissement sans indiquer
les noms des signataires.

d) Au bout d'une deuxième période de huit jours, le règlement fait
l'objet d'un nouvel affichage avec cette mention : « observations vues ».
Il entre alors en vigueur à l'expiration d'un délai égal à celui du délai-
congé en usage, celui-ci ne peut être inférieur a huit jours, § 5 de
l'article 27.

Les ouvriers qui refusent d'accepter le contrat doivent alors donner
avis, dans les limites du délai de prévenance, de leur intention de
quitter l'établissement.

e) L'article 28 complète les formalités prévues par l'article 27 en sti-
pulant que tout règlement nouveau doit être revêtu de l'attestation du
chef d'industrie qu'il a été procédé à le consultation prévue par l'article 27.

Ces formalités paraissent bien compliquées, et leur portée pratique
ne se dégage nullement.

III°

**Aux termes de l'article 11 doit être considérée comme
illicite « toute clause d'un contrat de travail par laquelle l'une des parties a « abusé du besoin, de la légèreté ou de l'inexpérience de l'autre pour lui imposer
des conditions en désaccord flagrant, soit avec les
conditions habituelles de la profession ou de la région,**

soit avec la valeur ou l'importance des services engagés ».

Il est nécessaire de faire les plus expresses réserves sur cet article 11.

En effet, avec une réaction aussi extensive, l'article 11 constitue une porte ouverte à des litiges sans fin, et étant données les tendances de certaines juridictions prud'hommales, on peut concevoir dans quel esprit il serait appliqué.

IV°

Le délai-congé obligatoire

Aux termes de l'article 46, qui est placé au titre V du projet, sous la rubrique « cessation et rupture du contrat de travail », la partie qui prend l'initiative de la résolution du contrat doit toujours prévenir l'autre partie, une semaine au moins à l'avance.

Ce délai de huit jours pourra être augmenté ou réduit, à la requête des intéressés et après enquête du juge de paix, s'il est établi qu'en effet le délai en usage dans une localité ou une région est inférieur ou supérieur à huit jours.

L'enquête est faite par le Comité constitué et fonctionnant confor-mément à la procédure établie par les articles 2, 3, 4, 5 et 6 de la loi du 27 décembre 1892 sur l'arbitrage facultatif.

On ne conçoit guère l'intervention de ce Comité et il est en somme inutile de le déranger. Le juge de paix se suffit à lui-même pour constater l'usage des lieux.

✲✲✲

Conventions collectives

Les articles 12 et suivants règlent les conditions relatives à la formation et aux effets des conventions collectives.

Les conventions collectives ont pour objet, dit l'article 12, « *de déterminer certaines conditions auxquelles doivent satisfaire les contrats individuels qui seront conclus entre les personnes qui peuvent exiger l'application des clauses inscrites dans ces conventions* ».

Ces conventions ne peuvent avoir une durée de plus de cinq ans, elles doivent être établies par écrit et déposées au secrétariat du conseil des prud'hommes ou au greffe de la justice de paix.

A défaut de stipulation contraire, les membres des syndicats ou des collectivités parties à la convention sont considérés comme liés par la convention collective (art. 15). D'autre part « les obligations des syndicats qui interviennent dans la convention doivent être implicitement déterminées par celle-ci ».

Faisons remarquer en passant que ces obligations demeureront lettre morte aussi longtemps que les syndicats ne seront pas effectivement responsables.

Aussi une refonte de la loi de 1884 s'impose-t-elle avant qu'il puisse être question de légiférer sur le contrat collectif.

L'article 18 mérite la plus grande attention :

« *Lorsqu'il n'existe qu'une seule convention collective relative aux conditions du travail pour la profession de la région et que cette convention collective a été déposée au secrétariat du conseil de prud'hommes ou au greffe de la justice de paix, conformément à l'article 13, les employeurs et les employés seront,* jusqu'à preuve contraire, *et pendant la durée de la convention collective, présumés avoir accepté, pour le règlement des rapports nés des contrats de travail intérieurs entre eux, les règles posées dans la convention collective* ».

Il résulterait de ce texte que si dans une région, un certain nombre de patrons et un syndicat ont conclu une convention collective, tous les autres patrons seront réputés être parties à cette convention, sauf pour eux à faire la preuve contraire.

C'est donc à juste titre que nous insistons sur cet article 18.

Dispositions diverses

Telles sont les lignes générales du projet qui comprend cinq titres intitulés :

le *I*^{er} *:* **Formation du contrat de travail.**
   IIe *:* **Des conventions collectives relatives aux conditions du travail.**
IIIe *:* **Des règlements d'atelier.**
IVe *:* **Effets du contrat de travail.**

   Section I: Obligations de l'employeur.
     § 1 : Rémunération du travail.
     § 2 : Conditions du travail.
   Section II : Obligations de l'employé.

V^e *:* **Cessation et rupture du contrat.**

Il nous reste à signaler celles des dispositions les plus importantes du texte que nous n'avons pas encore citées, en indiquant la contexture générale du projet.

Art. 33

Lorsque la rémunération du travail dépend de mesures, pesées, opé-
rations, vérifications quelconques ayant pour but de déterminer la
quantité et la qualité de l'ouvrage, les employés ont toujours le droit,
malgré toute convention contraire, de contrôler ces opérations person-
nellement et par délégués.

Les données prévues par les contrats qui pourraient être nécessaires
au calcul des salaires fixés par contrat individuel ou convention collec-
tive, sont soumises aux mêmes règles.

Art. 56

Au titre V, l'article 56 est relatif aux effets de la grève sur le contrat de travail. Nous appelons également toute l'attention sur la rédac-
tion proposée:

**· La grève est, sauf manifestation contraire de la vo-
lonté de l'une ou l'autre partie, une suspension du
contrat de travail.**

**Le refus par l'une des parties de recourir à la pro-
cédure de conciliation ou à l'arbitrage dans les formes
instituées par des lois spéciales, sera considéré comme
une rupture du contrat du fait de cette partie.**

De cet article il convient de rapprocher l'article 52 :

« *La partie qui n'a pas observé le délai visé par les dispositions pré-*
cédentes est tenue envers l'autre partie des dommages-intérêts égaux au
délai qui devait être observé ».

Il résulte de la comparaison des textes que l'abandon brusque et si-
multané du travail, c'est-à-dire la grève, ne saurait donner ouverture à
une action en dommages-intérêts lorsque le personnel ou une partie de
celui-ci a quitté le travail sans respecter le délai de prévenance.

Cela revient à dire qu'un chef d'industrie aura toujours à répondre
de la rupture du contrat de louage de services qui lui est imputable
sans qu'il y ait réciprocité pour l'autre partie contractante. Celle-ci se
trouverait, en réalité, soustraite à toute responsabilité, puisque ce qui
est « rupture du contrat de travail » de la part du chef d'établissement
« devient une suspension du contrat de travail » en ce qui la concerne.

C'est là une disposition des plus graves et qui porte atteinte au principe essentiel des contrats.

Le contrat de travail devient, en effet, un mot vide de sens s'il ne
comporte à l'égard des deux parties en présence des droits et des devoirs réciproques.

DELIBÉRATION DE L'UNION

DU PROJET DE LOI SUR LE CONTRAT DE TRAVAIL

L'Union des Syndicats Patronaux des Industries textiles de France,

Après avoir procédé à un examen sommaire et hâtif du projet de loi sur le contrat de travail, le projet ayant été déposé à la fin de la session dernière, au moment où les délégués des syndicats textiles suspendaient leurs réunions,

Considérant qu'un projet de cette importance exige un examen d'autant plus attentif que la loi sur le repos hebdomadaire vient de démontrer combien l'application d'une réglementation uniforme embrassant des industries et des commerces entièrement différents rencontre d'obstacles et, qu'en matière de contrat de travail, où il convient de tenir compte des usages propres à chaque région et des conditions particulières à chaque spécialité, on ne saurait méconnaître que les difficultés seraient presque insurmontables ;

Considérant que l'on peut même se demander, sous réserve d'une étude plus complète, si le maintien du droit commun et des usages locaux combinés avec les dispositions spéciales existantes n'est pas nécessaire et désirable et si le projet n'est pas à repousser dans son ensemble ;

Considérant toutefois que certaines dispositions apporteraient dans les conditions générales de l'industrie un tel bouleversement qu'elles appellent des réserves immédiates;

o⁰o

Considérant, *en ce qui concerne les effets de la grève sur le contrat de travail*, que si, aux termes de l'article 52 de ce projet, celle des parties contractantes (patron ou ouvrier) qui n'a pas observé le délai-congé, devenu obligatoire, est tenue envers l'autre partie à des dommages-intérêts, une grave exception est apportée à ce principe, aux termes de l'article 56 ainsi conçu :

« *La grève est, sauf manifestation contraire de la*
« *volonté de l'une ou de l'autre partie, une suspension du*
« *contrat de travail.*

« *Le refus par l'une des parties de recourir à la procé-*
« *dure de conciliation ou à l'arbitrage dans les formes*
« *instituées par les lois spéciales, sera considéré comme*
« *une rupture de contrat, du fait de cette partie* ».

Considérant en effet que d'après ce texte, la partie qui, à l'occasion d'une grève, n'a pas observé le délai-congé échapperait, étant présumée n'avoir pas rompu le contrat de travail, à toute demande en dommages-intérêts à l'égard de l'autre partie, ce qui revient à dire que le même fait : le brusque abandon du travail, reconnu dommageable lorsqu'il est l'acte d'un seul, cesserait, au contraire, d'être préjudiciable dès qu'il est commun à un nombre plus ou moins élevé de personnes, ce qui est le cas de la grève.

Considérant que si la coalition n'est plus prohibée et que si, à ce point de vue elle constitue un droit, il n'en est pas moins vrai, qu'au regard de la loi civile, la brusque rupture d'un contrat sans observation du délai de prévenance ne saurait produire des effets différents selon qu'elle est imputable à une seule personne ou, au contraire, à une collectivité.

Considérant que le contrat de travail deviendrait un mot vide de sens s'il ne comportait, à l'égard des deux parties en présence, des droits et des devoirs respectifs et si, comme il semble résulter de la comparaison des articles 52 et 56 du projet, l'une des parties en cause, le patron, restait seule tenue, en toutes circonstances, aux dommages-intérêts résultant de l'inobservation du délai-congé;

Considérant, en ce qui concerne le contrat collectif, que celui-ci ne saurait être introduit dans nos codes tant que le « syndicat », qui constitue l'une des parties en cause, ne sera pas réellement et efficacement responsable de ses actes et que, dans cet ordre d'idées, une modification de la loi de 1884 est indispensable;

Considérant, en outre, que si l'exposé des motifs déclare que le contrat collectif conserve un caractère purement facultatif, l'article 18 est en complète contradiction avec cette affirmation puisque, d'après cette disposition du projet, « *lorsqu'il n'existerait qu'une seule convention* « *collective relative aux conditions du travail pour la* « *profession ou la région et que cette convention collec-* « *tive aurait été déposée au secrétariat du conseil des* « *prud'hommes ou ou greffe de la justice de paix, con-* « *formément à l'article 13, les employeurs et les em-* « *ployés seraient, jusqu'à preuve contraire, et pendant* « *la durée de la convention collective, présumés avoir* « *accepté, pour le règlement des rapports nés des con-* « *trats de travail intervenus entre eux, les règles posées* « *dans la convention collective* »;

Considérant que si les conventions collectives demeurent facultatives, la présomption édictée par l'article 18 doit être renversée et que les employeurs et les employés doivent être présumés, jusqu'à preuve contraire, avoir réservé leur liberté conformément au principe du Code civil (art. 1165) que « les conventions n'ont d'effet qu'entre les parties contractantes et qu'elles ne peuvent nuire aux tiers »:

Formule dès maintenant les plus expresses réserves :

I. — Au sujet de cette tendance, dont l'article 56 du projet est l'expression, à considérer la grève, contrairement à une jurisprudence constante de la Cour de cassation et à tous les principes du droit, comme une suspension et non plus comme une rupture du contrat de travail;

II. — Relativement à toute innovation en matière de contrat collectif tant que l'une des parties contractantes, le syndicat professionnel, ne sera pas rendue effectivement responsable de ses obligations et que dans cet ordre d'idées une modification de la loi du 21 mars 1884 ne sera pas intervenue;

III. — A propos de la disposition de l'article 18, d'après laquelle des tiers, cependant étrangers à une convention collective, devraient être présumés, jusqu'à preuve du contraire, l'avoir acceptée

IMPRIMERIE

CONTANT-LAGUERRE

LVX VITAM

BAR-LE-DUC